AF275821

NIEVE SUCIA

EDITORIAL CÁNTICO
COLECCIÓN · DOBLE ORILLA, POESÍA
DIRIGIDA POR RAÚL ALONSO

cantico.es · @canticoed

© Adrián Fauro, 2023
© Editorial Almuzara S.L., 2023
Editorial Cántico
Parque Logístico de Córdoba
Carretera de Palma del Río, km. 4
14005 Córdoba
© Imagen de cubierta: *Christmas Cards Depicting Animals. Owls, Bears, Cats, and Dogs* (1865–1899) de L. Prang & Co. Original en la Biblioteca Pública de Nueva York.
© Fotografía de autor: Paula López Molina, 2023

ISBN: 978-84-19387-81-3
Depósito legal: CO 1701-2023

Impresión y encuadernación:
Imprenta Luque S.L.

Cualquier forma de reproducción, distribución comunicación pública o transformación de esta obra solo puede ser realizada con la autorización de sus titulares, salvo excepción prevista por la ley. Diríjase a CEDRO
Centro Español de Derechos Reprográficos, www.cedro.org, si necesita fotocopiar o escanear algún fragmento de esta obra.

ADRIÁN FAURO

NIEVE SUCIA

EDITORIAL CÁNTICO

COLECCIÓN DOBLE ORILLA 🦎 POESÍA

SOBRE EL AUTOR

Adrián Fauro Abad (Alicante, 1994) es escritor, perio-
dista y librero. Echa de menos Poscultura. Ha publicado
el poemario *Odio la playa* (Editorial Cántico, 2021) y el
libro de relatos *Mare meua* (Editorial Dieciséis, 2023). Sus
poemas también aparecen en la revista Casapaís. Forma
parte de las antologías *Árboles Frutales* (Editorial Die-
ciséis, 2021) y *De qué hablamos cuando hablamos de amor*
(Editorial Cántico, 2022).

LAS COSAS QUE DAN VERGÜENZA
POR LUIS DÍAZ

Hay una infinidad de cosas que dan vergüenza. Se podrían hacer listas, listas en papel que podríamos pegar en las paredes de casa. Si, en caso de que esas paredes fuesen de gotelé, también nos daría vergüenza donde hemos decidido pegar esas listas. También podríamos hacer una lista en el móvil, podríamos hacer una lista infinita, una lista de cosas que dan vergüenza y que no dejaríamos nunca de escribir y a la que iríamos añadiendo nuevos elementos hasta nuestro último día con vida en este mundo, un último día que pasaremos enfermos en el hospital o solos en nuestra casa, que pasaremos en este país o en otro, en una ciudad desconocida o en la misma en la que crecimos.

Adri habla de varias cosas que dan vergüenza en este libro. Por mencionar alguna: vestirse con camisetas de fútbol, escuchar rap, tener miedo a la muerte. Estas son cosas que dan vergüenza, que sabes que es algo que no puedes decir que haces en ciertos sitios o ante ciertas personas y sabes que hacerlas no te va a conseguir un puesto de trabajo ni nada por el estilo, no son cosas como tener un máster en una universidad privada. Porque, como es lógico, si existen las cosas que dan vergüenza también existen las cosas que no dan vergüenza. En una lista de este tipo aparecerían: hablar inglés con fluidez, ir a esquiar en febrero, saber qué tacto tiene la nieve.

También hay una cosa que da vergüenza y es escribir libros. Porque escribir un libro redondo y reluciente como este —redondo y reluciente como una bola de nieve que atraviesa una playa de punta a punta— da vergüenza porque escribir libros te convierte en escritor. Entonces, en este caso, lo que da vergüenza son varias cosas: ser escritor, escribir libros y que, una vez escritos, alguien los lea. Eso haría que sumásemos tres cosas nuevas a la lista. Pero, por suerte, aunque dé vergüenza escribir libros, a veces no hacemos caso y, gracias a eso, un libro como este, redondo y reluciente como una bola de nieve, llega a nuestras manos.

Una cosa que también da vergüenza y que dice Adri en este libro, es que pasen cosas que no deberían pasar. Como, por ejemplo, que nieve en una ciudad en la que no debe nevar. Como, por ejemplo, saber que "si nevara todo esto parecería limpio / pero seguiría siendo lo mismo / como la piel que se traga la herida". Lo que da vergüenza, por tanto, es la nieve sucia. Es saber que existe la posibilidad de la nieve, de una nieve que cubra la ciudad y que sea entonces cuando, debido a ese pequeño cambio, temporal y meteorológico, descubramos todas las cosas terribles que se ocultaban a nuestros ojos en el día a día. Que sea entonces, cuando la nieve se llene de barro y de pisadas, cuando descubramos que las cosas que deberían ser bellas ocultan una fealdad hasta entonces desconocida.

Lo que más disfruto siempre de leer lo que escribe Adri es que siempre pone a la ciudad, su ciudad, en el centro de los libros. Como persona que también ha crecido en una ciudad gris —esto, hablar de uno mismo en un prólogo, va directo a la lista de cosas que dan vergüenza y posiblemente a la recién inaugurada lista de cosas que dan vergüenza ajena— entiendo esa necesidad de convertir al espacio urbano en un personaje más de lo que se escribe. Para los que crecimos en sitios así es una obligación. Es la única manera de vengarnos de las expectativas y de las instituciones. Y también es la única manera de repensar esos sitios. El banco, el parque, esa calle, una fuente. Todos esos sitios que te condicionan y que odias y que cuando te fuiste de casa hubieses puesto en la lista de cosas que te dan vergüenza. Porque esos sitios eran sitios que no querías que nadie viese.

Pero, a pesar de este odio —y esto es lo importante—, aunque odiemos nuestras ciudades no queremos que nadie las toque, que nadie ponga sus ojos sobre ellas, que nadie venga de lejos, de países en los que la gente nace fuerte y sana como si fuesen caballos de competición, y mire la nieve, que mire esa nieve imposible. O, como dice Adri "a veces sueño que / va a empezar a llover o nevar / para que se sientan como en casa / y se vayan". Porque esa nieve, por muy sucia que esté y mucho que la odiemos, es nuestra y solo nosotros deberíamos mancharla.

huele a nieve

Lorelai Gilmore

contemplar la playa nevada
y ver las olas moviéndose por encima de la nieve

Rafael Chirbes

no habléis con la nieve desconocida

Berta García Faet

y eso que aún somos jóvenes

Hertha Müller

pido perdón porque este libro no represente ningún signo de madurez en mi escritura

POETRY IS FOR THE CULTURE
O
NO PUC MÉS

Bebí la poción, aunque no la había sometido a prueba...
porque quería que me hiciera cambiar. ¡Pero no así! ¡No así!

SPIDERMAN

soñé que me sentaba enfrente de Bolaño y le peinaba las
cejas y me decía ahora sí puedo hablar de poesía

NO SOY PASOLINI

Puc parlar valencià, un poco
no puedo escribirlo, ho sent
sorry
l'entenc pero no el tinc
intento leer llibres en valencià
pero es difícil la fluidez en lenguaje
pre-ajeno
cuando me hablan parezco sordo
cuando hablo parezco mudo
pero esto como todo no es más
que un problema de intencionalidad
en el análisis malentendido como
conocimiento de las funciones del lenguaje
control ajeno
oh mística filología
yo no soy poeta
soy la oposición del poder
desde otro poder
la relazione tra segno e cosa
la intrascendencia de ambos
lo siento
porque la revolución no es más que un sentimiento
pero somos muy sentimentales
señor polizia letteraria

el que vull dir és
no sóc ni d'ací ni d'allà
però
m'agrada
gràcies
gracias
thank you.

QUIERO SER A LA POESÍA LO QUE LA NIEVE A
ESTA CIUDAD

uno   aspiro a aparecer sin avisar en la sección de libros del
                                                        [Carrefour
dos   todo el pasillo con mi nombre como un Buzz Lightyea
tres   costar mucho con 99 para venderme mucho en Navidac
cuatro   acabar en mercadillos con camisetas de fútbol y santc
                                                        [de porcelan;
cinco   comprarme a mí mismo de vacaciones a precio de
                                                        [Steinburg caliente

CIUDAD DE PASO

Nombramos los sitios como si fueran países
como si un país fuera para tanto
o necesitáramos ser de algún sitio
pero si pudiéramos volver atrás
yo querría ser capaz de pasarme el *Kingdom Hearts*.

EL PODER GENERA IMPOSIBILIDADES

Hannah Arendt dice que jamás ha sido tan imprevisible
                                                [nuestro futuro y
tiene razón porque *siempre es jamás*,
el *Agujero llamado Nevermore* del que hablaba Panero
es lo único en lo que se equivocó
porque el Agujero se llama Evermore,
hay que soltar la nostalgia
aunque nos parezca mejor que lo desconocido
que todo se expande como el universo, las start ups,
el imperialismo o las zonas residenciales
y se muere si no se mueve
como el dinero y los tiburones
por mucho que dé miedo.

UN POEMITA LUMPEN

leo que los poetas detestan que se les recuerde su igno-
rancia y me doy cuenta de que no soy poeta
leo *la verdadera poesía* y pienso *no existe*
ser poeta (de verdad) es mentira porque la verdad de la
que hablan está tan elevada en sus ideales que no es posible
los poetas (de verdad) son un sample de *El lado oscuro del
corazón* en un tema de conscious rap español de los 2000
y las gafas de un niño de 5 años en la cara de uno de 30 en
jams en las que no huelen a Montana
los poetas (de verdad) utilizan *naif* como insulto
la poesía (de verdad) es una foto de un gato sonriendo
los problemas con las matemáticas y la consideración del
espacio personal
la poesía (de verdad) es un sitio con la música tan baja
que puedes escuchar las conversaciones ajenas
la poesía (de verdad) por encima de todo es tener una
excusa y un culpable siempre de los fracasos
¿dónde están los poemas de Cesárea Tinajero?
un poema (de verdad) es lo que yo diga
que aprendí a tomarme en serio cuando no mira nadie

PISCIS

Ser poeta es como ser
de un signo de zodíaco
reniego de la creencia
hasta que me dicen que ahora todos los signos
han cambiado
y grito enfadado
que no no no no no y no
yo soy piscis y punto.

ESCRIBIR MÚSICA

Reconozco la poesía en el (uno)impacto (dos)golpe (tres) colisión: únicamente en (uno)concentración de imágenes (dos)cielo (tres)suelo (tres punto uno)beso.

Escribir es (uno)pelea (dos)altercado (tres)discusión: escribir solo el Yo es inutilizar la palabra: escribir (uno) pan (dos)pan.

No están acostumbrados a dibujar las palabras: les da miedo como ponerse chándal entre semana. Mientras Yo me enamoro y planeo una estirpe a lo Panero sin haber leído nada de ninguno de ellos hasta ayer.[1]

---

1 Kierkegaard dice que llegar al yo es encontrarse en la nada y yo le diría que no es para tanto.

CHURRAS CON MERINAS / CHURROS CON CHOCOLATE

Los momentos más interesantes son los que no llegan a hacerte llorar pero te emocionan lo justo como para que notes que podrías hacerlo como las nubes que parecen nieve si las miras cuando tapan el sol.

NO SOY HERTHA MÜLLER

Es domingo por la tarde[2]
la familia se baña a manguerazos en un patio
se instala, recién bañada, ante la pantalla del televisor
aguarda la película de la noche
y yo grito si el agua sale fría en verano.

---

2 es muy difícil reivindicarse teniendo un plato de ducha siempre blanco como la nieve pero me niego a envidiar la pobreza que nos precede para justificar la nostalgia del baño suabo que no vivimos.

¿QUÉ PASA SI METO LA CABEZA EN EL CONGELADOR?

Un psicólogo de la Universidad de California dice que hay que dejar el café y cambiarlo por meter la cabeza en el congelador para activar el cuerpo y así eliminar la cafeína del organismo para dormir bien evitar pensamientos intrusivos despertarse en mitad de la noche poder pasar los días sin problemas de salud disfrutar el tiempo libre reduciendo la posibilidad de problemas mayores como la depresión medicación y meter la cabeza en el horno.

SIN AD LIBS

Me creí dios pero no entendí el juego
estoy más fuera que dentro
vi que la ciudad sólo se aprecia
si eres capaz de encerrar
en una sola imagen
playas y palmeras sin que se vea todo lo demás.

NOTAS SOBRE *TENGO MIEDO TORERO*[3]

1

sentirse en casa sin necesidad de una Casa
estar en familia sin necesidad de una Familia
poder elegir (o no) tener (o no) y sentir

2

los sentimientos son incomprensibles es decir
la felicidad no comprende la tristeza como
la tristeza no comprende la felicidad pero
no sé analizar los sentimientos
por eso no le escribo al presente pero digo tú

3

escribo la nostalgia porque no la entiendo

_____

3 me gustaría escribir un poema sobre todo esto

4

querer es escuchar la playlist del otro
y nombrar muchas veces
y un nombre es una casa
siendo escribir tu propio nombre quererte
                                        pero mal
de forma impostada:

¿qué quieres querer, querida?
¿qué quieres querer queriendo?
quieres querer cada cosa que cubre mi cuerpo
o
mi cuerpo tu casa
o
quiéreme, venga

5

la única forma de mirar algo que tienes miedo de perder
es con las manos/la mejilla/la nariz mientras los ojos ba-
jan hasta los labios para frenar en el punto exacto en el
que las lágrimas se almacenan hasta caer en su boca

6

la poesía no puede existir por sí misma
yo odio la poesía

GRACIAS[4]

en el aparcamiento de un hospital aparece un niño cubierto de vísceras que tartamudea con tono impaciente: *pobre es el dolor que encuentra su lugar en el mundo* y el mundo roto pide más y el amor extraordinario huele a nieve

---

4 *500 elevado a 9*, Manuel Mata

POETRY IS FOR THE CHILDREN
O
LA COSTA ESTE SOY YO

soy como mi ciudad, tengo dos cosas buenas, el resto aburre

ERICK HERVÉ

soñé que se nos moría el gato en los brazos y llevo sin cogerlo una semana y cuando lo coges tú cierro los ojos

1926 O EL AÑO QUE NEVÓ EN ALICANTE

Es importante llegar pronto a los sitios:
llegar el primero y esperar
finjo que no me molesta el humo de mi propio cigarro
pienso en que una vez nevó aquí
y pensándolo bien:
si volviera a nevar todo esto desaparecería
pensándolo bien:
si nevara todo esto parecería limpio
pero seguiría siendo lo mismo
como la piel que se traga la herida
o trabajar en verano
pensándolo bien:
daría miedo como cogerle el gusto a fingir que hablo
por el móvil
para no pararme a hablar
como un gato con hambre
que me atropelle un coche eléctrico
pensándolo bien:
si volviera a nevar no habría espacio para la nieve
morirían los pájaros y caerían con el pico hacia abajo:
lo que me da miedo realmente es morirme.

RECORDEMOS QUE HAY CUADROS QUE NO NOS GUSTAN AUNQUE SEAN ARTE

La luz pinta el cuerpo del mendigo el mendigo pinta la acera la gente pinta el el lenguaje el lenguaje fracasa cuando hablan las cosas la luz lo pinta todo la nieve (si existiera) pintaría la luz.

ESQUIAR ES DE PIJOS

Si donde debería haber nieve
hay arena
no crece nada que no sea basura
donde debería haber nieve sucia
hay una gasolinera
para llegar a la nieve limpia
donde hay un hotel
igual que los de las películas
en los que muere gente:
nosotros nunca moriremos.

NIEVE SUCIA

Si haces un esfuerzo tremendo
podrás ponerte de espaldas
y ver con mucha imprecisión
la nieve
sin saber si lo que ves realmente
son nubes entre montañas
pese a ser la ciudad pequeña
cuesta arriba está todo más lejos
pero te juro que hay nieve
te prometo que la veo
te aseguro que casi la puedo tocar
con tus manos.

REFLEXIONES AL CUMPLIR OCHO AÑOS
por LISA SIMPSON

Tuve un gato llamado Bola de Nieve
¡Murió! ¡Murió!
Mamá dijo que dormía
¡Mintió! ¡Mintió!
¿Por qué un día a mi gato perdí?
¿Por qué aquel Chrysler no me pilló a mí?
Tuve un hámster llamado Apestoso
¡Murió!

UNA PALABRA ES UN NOMBRE

Las palabras son invisibles por eso decir que las palabras
lo atraviesan todo es mentira pero no que todo atravie-
sa las palabras que son incompetentes e insuficientes o
arroz blanco pero por ejemplo si te digo te quiero está
bien aunque es menos que si lo hago como si te pido un
beso pero no te lo doy no sé si me explico quiero decir
que las palabras no lo atraviesan todo ni siquiera la pa-
labra todo lo que quiero decir es que hace frío pero se
está guay que dios es un recurso literario un invento del
poema para nombrar algo a lo que poder acusar de su
insuficiencia pero es comprensible si no tienes nada más
todo es mentira pero tú no porque hueles y tocas y hue-
les lo que tocas con tu olor y dices la verdad cuando me
nombras y me muerdes porque tu boca vale más que una
novedad editorial y yo no creo en dios porque es como
la nieve así que perdón si no puedo elegir palabras para
decir cosas pero la supuesta realidad no comprende la to-
talidad de nuestras conversaciones y a pesar de todo mo-
rirse es una pena pero me voy a morir yo primero porque
a veces tengo que decir cosas para que la gente crea que
sé de lo que hablo y estoy bien en plan eh es listo cuando
no me importa porque por qué tengo yo que interesarme
por la literatura ocho horas al día si he aprendido a igno-
rar lo que no me interesa si lo que estoy pensando es que

a lo mejor dios sí existe y eres un milagro que escucha
el mar y pisa la nieve y puede que acabemos como los
abuelos que ya no saben hablar y habrá que decir cosas
sin palabras pues eso porque yo podría contarte chistes
que se me ocurren y decirte cosas que ya sabes como que
entre otras cosas la nieve se forma por las nubes y si no
hay pues no nieva pero no tiene sentido si lo que estás
haciendo es acariciarme el talón para que me calle en fin
perdón te dejo dormir gracias te quiero.

LO ESTÁS HACIENDO GENIAL

Sonríes y parece que tus comisuras
quieran llegar a los lunares de tus mejillas
pero eso es imposible
aunque me gusta tu insistencia.

TERCER VERANO DEL AMOR

Os miro pero no os distingo porque estáis tumbados en la misma posición con los brazos como rezando intentando agarrar algo y se me ocurre que si el gato hablara tendría tu voz y diría cosas como hay fotos en las que no distingo tus manos de las mías que os parecéis tanto porque habéis hecho la de Bart y la mosca pero ha salido bien tan bien que me río pensando en el miedo que me daría que fuera verdad como me lo daría ser una mosca intentando salir por la ventana sin saber hacerlo me da el mismo miedo que la gente que escribe como habla que se atreve a decir en alto poeta y poema (cuando dicen verso yo pienso en un Corolla) por eso odio leer en público y te pido perdón mientras duermes porque me cuesta mucho escribir sobre lo que puedo tocar y cuando leo mucho estoy muy callado y cuando bebo mucho no paro de hablar pero no creo que el equilibrio sea beber leyendo aunque querría explicarte que escribir es como el gato mordiendo el cable del cargador y que cuando tú me pides dos caladas yo te las doy como pidiendo que me quieras.

ILLMATIC

Cómo no va a darme miedo la cucaracha si aguanta temperaturas bajísimas y altísimas pero te juro que por ti la mato.[5]

---

5 no hay que pisar las cucarachas porque puedes llevarte sus crías en las zapatillas o provocar infecciones con las bacterias que tienen pero a la vez hay que evitar que se hagan las muertas y puedan huir porque son capaces de sobrevivir a lesiones graves y pasar días sin comer (como yo).

ALL CHAIRS ARE BEAUTIFUL

quien habla de la profundidad de las conversaciones   de
las primeras citas miente   habla
de significantes y no de significados aprender a usar las
manos cuando el silencio es como una tetera   y
no echar de menos ninguna de las conversaciones que
hemos tenido   pero pensar mucho en las que tendre-
mos   es tan verdad como un
beso a las 6:30 de la mañana un lunes   o
vomitar durante casi una hora sin hacer ruido para no
despertarte   y eso es más bonito que cualquier
poema que te haya escrito   aunque
no   que los que me hayas pedido

HASTA GOKU SE CAÍA DE LA NUBE KINTON

Este dolor al respirar significa frío
pero aquí hace calor
y todo huele diferente
a nieve de otro suelo
        de otro sitio
[el nervio trigémino tiene la función de la masticación,
que está conectada a la del habla y la respiración y con-
trae los vasos sanguíneos de la cabeza para evitar la pér-
dida de calor corporal]
esta sobremordida impide que nieve
así que si quieres   que nieve
sólo   si quieres   que nieve
aprieta con tus dedos mi cara
y dibuja tu firma
por favor.

LA MÚSICA PROPORCIONA UN PLACER GE-
NEROSO, LA LITERATURA UNO EGOÍSTA Y LA
POESÍA ESTÁ ENTRE LOS DOS: ENTRE EL *YO* Y
EL *NOSOTROS*

Te miro por el espejo
porque a veces sigue dándome vergüenza
que me veas mirándote.

BOBBY Y SELLY EN NOCHEVIEJA

A veces digo respira
exhala, inhala, inshallah
no es para tanto
estoy en casa y digo
no es para tanto
y quiero dormir pero
no es para tanto
todos los días
intentando respirar
no quiero necesitar recordármelo
aunque el amor indoor
no siempre pueda compensar las condiciones outdoor
si me ves respirar
dame un abrazo que me cruja la columna.

ESCRIBO MEJORES TÍTULOS QUE POEMAS

No encuentro las palabras
                    exactas
para decir lo que pienso
mientras toco unas uñas recién cortadas
recordando la secuencia
                    exacta:

pensé que podía cerrar los ojos
en una recta seguida de una curva
encima de una Peugeot Tweet
disfrazado de Yuri Gagarin.

POETRY IS FOR THE POETS
O
EXAGERACIÓN DEBERÍA
ESCRIBIRSE *EXHAGERACIÓN*

Who said you can't live forever lied
Of course, I'm living forever, I'll
Forever I'll live long
You can't ever deny
My force, I'm living forever, I'll
Forever I'll live

ASAP ROCKY

soñé que volaba pero no se me ocurría saltar por la
ventana

MUERE UN LAPRAS

Cuando nuestro currículum era una memory card
granizó tanto que nos quedamos en casa
y salimos cuando paró
para lanzarnos bolas de hielo
y la brecha en la boca
mereció la pena
fue como si viviéramos en otra ciudad.

SNOW THA PRODUCT

Mis ideas tenían ya por lo menos
70 años y problemas cardiovasculares
cuando las vi por primera vez,
menos mal que todavía somos jóvenes
podemos trasnochar un poco entre semana
podemos decir eh ese tío juega mal pero puede ser
futbolista porque es guapo
podemos decir eh loco en qué andas
            nah nah ni pa hermano
            llego de al toque
podemos ponernos camisetas de fútbol para vestir
podemos decir que podemos hacer cosas porque todavía
somos jóvenes aunque no las hagamos
podemos decir
ahora ya sólo algunos
a los 30 lo dejo
podemos ganar
                        aunque sea sólo por edad
el nacional joven
podemos compartir piso
podemos irnos y volver
podemos inventar excusas
incluso para no alimentarnos
podemos confundir nadar con correr por encima del mar

podemos olvidarnos de abrir el buzón durante meses
podemos llorar en público
     de alegría incluso
todavía somos jóvenes pero lo suficientemente mayores
para vernos sin ropa sin hacer comentarios
hablar de fondos de pensiones por si acaso
ir a restaurantes a comer arroz
cuidar un gato
    a nuestros padres
parecer viejos delante de los jóvenes
aunque estamos en la edad en la que los demás se casan
o se mueren
en la que tener es un oficio
lo que no podemos es morirnos
todavía no puedo morirme
porque no he hecho nada importante
nosotros no nos vamos a morir nunca
como plantas de plástico.

GENIUS

A veces me da miedo que quien me esté mirando a los
ojos me esté leyendo la mente así que me pongo a pensar
en el lilililiruliliruliruliliruliliru[6] de Big Pun en *Twinz*.

---

6 *dead in the middle of Little Italy / little did we know / that we riddled two
middlemen who didn't do diddly.*

JUGAR EN TERCERA TAMBIÉN ES SER FUTBOLISTA

todas las historias empiezan en un barrio
pienso en el parque de los yonkis las pintadas del des-
campado y todos los bares con los nombres de sus dueños
como gente con la cara de su perro porque el nombre era
lo único que les quedaba
este sitio les mantiene en estado de hibernación
incluso al que me robó la pokedex en el parque para que
su padre la vendiera y le perdoné
cuando vuelvo miro a todos esos niños viejos
quisimos salir para volver y que nos saludaran como si
no nos hubiéramos ido de lo que ahora son parques con
columpios zonas verdes sin árboles y bares que se llaman
como otros bares porque sus dueños no tienen nombre
ni cara
mi pokedex era la única enciclopedia que había en casa
¿dónde están mis 150 pokémons primera generación
cuando sólo existía una generación?
ser de aquí es demasiada responsabilidad

ESQUIVAR A GUIRIS OCUPA LA MAYOR PARTE DE MI TIEMPO LIBRE

A veces sueño que
empieza a llover o nevar
y se sienten como en casa
y se van.

PIBE DE ORO EN LA ESQUINA

Somos los descampados del barrio que luego fueron huertos comunitarios y recintos autogestionados donde nos dejaban hacer jams pero luego cerraron y ahora han vuelto a abrir porque la asociación de vecinos ha tirado las vallas ha puesto mesas con sillas al lado de libros y columpios y bebederos para perros.

Vas a ser un hombre de menos palabras.
Vas a parecerte al silencio
a algún tipo de Dios

MARIANO BLATT

Para jugar había que saltar vallas
para cualquier otra cosa tener dinero,
saltamos vallas
gastamos dinero
pasamos meses sin hacer ninguna de las dos cosas,
era un alivio saber hablar.

OG

Todos se viran hacia el mismo lado
quedarse quieto es el único movimiento
oros en el cuello y escribir
como si tuviera una pistola en la riñonera
tarareando *tout le mon es culpable*
pensando en cuando quería ser los que admiraba
teniendo ahora los mismos años que ellos antes
sin tener claro si he llegado a querer ser yo
y que mi cara en un muro cuando llegue el momento
no estaría mal.

FUNCIÓN DE DESCONGELADO

Parece que yo
no soy yo
pero el microondas
sí
estuvo siempre
y se le nombra cuando
se echa de menos otras cosas
como a un familiar que vive cerca
aunque no ves nunca
es una pena
esa pena
pero mírame
no soy pero estoy
y peso lo mismo que cuando nací.

PALABRA ARRIBA

Nunca la cara del abuelo fue tan perfecta como cuando la dibujé en una libreta que estoy seguro de que sigue en algún lado de esa casa que no recordaré hasta que se me olvide cómo era.

UNA CIUDAD CON 40º Y UN BOLSILLO CON 40 CTS

Sonríe pero no mucho
las fotos de carnet se cortan
como se sirve el companaje.

ABRÓCHATE EL NORTHFACE

Poco más podemos hacer donde
la humedad te seca la piel con el frío
y la condensación
     colisión
     copo
es más improbable
que nuestra jubilación.

UNO DOS UNOS DOS

Nombramos esta ciudad como si fuera eterna
como si arriba una cosa
abajo otra
aquí esconderse en las montañas
es mentira
como pasar frío
y negar la periferia cuando
todo es periferia
tardan más en encontrarte
durmiendo debajo de una cama
que si te pierdes en una vía verde
que desembocaba en una gasolinera.

NO ENCUENTRO LAS FOTOS DEL DÍA DE LA NIEVE QUE NO RECUERDO

Sin embargo,
hay algunas cosas que sólo dicen ciertas palabras
que nos recuerda la fragilidad de la memoria:
fotre.[7]

---

7 *jo ja no sé si m'entens quan t'escric / jo ja no sé si entendre'ns és necessari,* Manyacaes

A LAS VOCES INTERNAS HAY QUE TRATARLAS CON CUIDADO

las impresiones y las expresiones
dicen más que las palabras
una boca puede morder sin hablar
las palabras son incompetentes

en el 94 la riada dijo más
que las noticias al día siguiente
mi no llanto naciendo
asustó más que los gritos de mi madre
el estreno de *Friends*
sorprendió más que el Premio Nobel
un cadáver eclipsa a mil bebés

las fotografías llenan el hueco de la elipsis
nunca había entendido el pasado
hasta que vi a gente más vieja que yo
siendo tan joven como yo
ahora que he dejado de ser tan joven

NIEVE SÍ NEVAR NO

El cierre de este libro sería ideal con un poema en el que hablo de un sueño en el que como nieve y la nieve me hace ver el pasado. Es casi imposible ver el pasado. Tanto como ver la nieve. Lo único que podemos hacer es imaginarnoslo. Para ver la nieve tienes que esperar a un invierno que nunca llega, tener coche para subir a dónde sí nieva y conducir con cuidado. Me da miedo conducir y más si hacerlo implica arriesgarse a morir. La nieve es una imposibilidad como lo es el tiempo y hablar de los sitios en los que la imposibilidad es una constante está totalmente ligado a la posibilidad de morir en ellos.

Nunca había visto nevar hasta que me mudé a Madrid. En 2019, una mañana, uno de mis compañeros de piso me sacó de mi habitación gritando *CHARLES DICKENS*. Y yo, pensando que estaba gritándole a algún jugador del FIFA o había puesto Telemadrid sin darse cuenta, salí corriendo al salón. Estaba en el balcón mirando hacia arriba como si cayera dinero. Nos reíamos mientras cogíamos la chaqueta para salir a la calle porque sabíamos lo ridículos que parecíamos. La gente que nos rodeaba no se paró en ningún momento a mirar la nieve, nos miraba a nosotros mientras nos hacíamos fotos y vídeos. Éramos como ellos cuando vienen a la playa.

Ese día no hicimos nada, sólo ver la nieve, beber cerveza en el bar de abajo mirando la nieve por el cristal y hablar de lo curioso que era emocionarse por ver nevar, como si no supiéramos que aquello de verdad podía ocurrir. Como tontos.

Cuando leía el prólogo de Luis sobre las cosas que dan vergüenza pensaba mucho en ese día. En que ser provinciano a veces da tanta vergüenza como pedir que te escriban un prólogo. Pero, a veces, (salvo cuando te llaman poeta) la vergüenza no es para tanto. La nieve, limpia, brillante y pura no es para tanto.

para los niños que van de mayores

HOKE

ÍNDICE

Nieve sucia
de Adrián Fauro,
compuesto con tipos Montserrat en créditos
y portadillas, y Cormorant Garamond
en el resto de las tripas,
bajo el cuidado de Dani Vera,
se terminó de imprimir
el 19 de diciembre de 2023.

LAUS DEO